EL PLATO MÁGICO DE JUANITO

POR DONNA DAUN LESTER
ILUSTRADO POR CHRISTINA KRATI
TRADUCIDO AL ESPAÑOL POR LILIAN KROWNE

Para

Katherine Bell y Victoria Daun

...mis visionarias jóvenes del Plato Mágico

DDL

LISTA DE CONTENIDOS

Nota de la Autora
Mensaje de la Autora

PARTE UNO

CAPÍTULO — **PÁGINA**

1 Llévame A Casa 1
2 Lo Mejor Que Podamos Ser 9
3 Los Alimentos Con Poderes Super-Naturales 13
4 Rojo y Verde 23
5 Los Trucos Para Platos 27
6 Mostrar y Contar 37

PARTE DOS

PÁGINA

Poyectos De Como Hacer Su Propio Plato Mágico 46
Más Sobre Alimentos Con Proteína 83
Más Sobre Frutas y Vegetales 86
Más Sobre Productos Lácteos 90
Más Sobre Granos 92
Más Sobre Aceites 94

Reconocimientos
Sobre La Autora, Ilustradora, y Traductora

NOTA DE LA AUTORA

Es muy importante hablar con su doctor antes de hacer cualquier cambio en su dieta, la dieta de un niño o el nivel de ejercicio. Nutrition Network Publishers Inc. y la autora, no son responsables por enfermedades (incluyendo alergias a alimentos), o cualquier otro problema de salud que pueda ser el resultado de algo descrito en este libro.

Derecho De Autor © 2016 Donna Daun Lester
Distribución Y Diseño Por Donna Daun Lester
Publicado En Los Estados Unidos De América Por
Nutrition Network Publishers Inc.

Todos derechos reservados. Esta publicación no puede ser reproducida, ni almacenada por vía electrónica, ni distribuida, o transmitida de ninguna manera, excepto de los artículos de la Segunda Parte, que pueden ser reproducidos para fines educativos.

Publisher's Cataloging-in-Publication data

Lester, Donna Daun.

El Plato Mágico De Juanito/ by Donna Daun Lester ; story illustration by Christina Krati ; story translation by Lilian Krowne.

p. cm.

ISBN 978-0-9898633-9-1 (Spanish ed.)
ISBN 978-0-9898633-4-6 (pbk.)
ISBN 978-0-9898633-1-5 (Hardcover)
ISBN 978-0-9898633-0-8 (pbk.)

Summary : Juanito encounters a Magic Plate that teaches him how to eat healthfully, and the importance of good nutrition and exercise for optimal health.

[1. Nutrition --Fiction. 2. Diet --Fiction. 3. Health --Fiction. 4. Food --Fiction. 5. Exercise --Fiction.]
I. Krati, Christina. II. Krowne, Lilian. III. Title.

PZ7.L562845 Pl 2016
[E] --dc23   2015919551

Primera Edición
Publicado en los Estados Unidos de América

MENSAJE DE LA AUTORA

Mucha de mi inspiración para El Plato Mágico De Juanito la he obtenido de mi experiencia como educadora de nutrición, basado en la guía del sistema de alimentación de **MyPlate** del Departamento de Agricultura de los Estados Unidos. **MyPlate** es una iniciativa de educación nutricional desarollada para promover importantes recomendaciones de nutrición de las Guías Dietéticas de los Estados Unidos para Americanos.

Soy una gran admiradora de MyPlate, y los invito a todos a que visiten choosemyplate.gov. Allí, encontrarán planes de alimentos saludables para cada grupo de edad. También encontrarán recetas y aprenderán mucho sobre la nutrición. En la sección de Super-Tracker, usted puede revisar y analizar su consumo diario, de sus propias recetas, y mucho más.

¿Sabía usted que los alimentos contienen mucho más nutrientes que los que son enumerados en la etiqueta de la Tabla Nutricional? Déle un vistazo a la sección de MyPlateSuper-Tracker Food-A-Pedia donde usted puede obtener y comparar información completa de miles de alimentos. ¡Mientras usted esté allí, asegúrese de inscribirse para alertas de nutrición diarias por correo electrónico!

Yo creo que los alimentos saludables **sí** que tienen poderes super-naturales. Son mucho más que alimentos. Son maravillosos y deliciosos regalos de la Madre Naturaleza, con superpoderes que tienen nutrientes esenciales que todos nosotros necesitamos para estar fuertes y saludables. Cuando se considera que las investigaciones han identificado más de 50 nutrientes esenciales, parece un milagro que la naturaleza nos ha proveído todo lo que necesitamos. ¡Lo único que tenemos que hacer es comer saludablemente!

La naturaleza nos da mucho más. Por ejemplo, las substancias como los antióxidos y filonutrientes en los alimentos saludables nos ayudan a protegernos contra ciertas enfermedades. ¡Los alimentos con poderes super-naturales nos proporcionan muchos beneficios de salud además de una buena nutrición!

Me encanta la idea que nosotros podamos magicamente transformar un plato ordinario a un Plato Mágico, solo llenándolo y comiendo la cantidad correcta de estos alimentos saludables.

En *El Plato Mágico De Juanito,* el plato necesita ejercicio, igual que las personas. El ejercicio es un componente vital de la buena salud. El programa ¡A moverse! es una maravillosa iniciativa en apoyo al ejercicio para niños. Usted puede aprender más visitando letsmove.gov. ¡A moverse! está dedicado a resolver el desafío de la obesidad infantil, para que los niños que nazcan hoy día crezcan saludables y que puedan conquistar sus sueños.

Espero que disfruten del cuento *El Plato Mágico De Juanito* y que les inspire a ser lo mejor que puedan ser, para su salud, y para la salud de sus seres queridos.

Donna Daun Lester, MA, RDN, CDN

PARTE UNO

1
LLÉVAME A CASA

Como muchos niños, Juanito nunca prestaba atención a los platos. Con tal de que él pudiera poner comida en ellos, pensaba que un plato era igual a otro.

¡Pero Juanito se iba a llevar una gran sorpresa!

El estaba por aprender que los tesoros maravillosos se pueden encontrar en lugares inesperados.

Un día, la mamá de Juanito lo llevó a una tienda de artículos usados.

A Juanito le encantó ver todo tipo de cosas que habían pertenecido a otra gente.

Mientras Juanito daba vueltas, él vió algunos platos.

"¡Pssss!"

¿Habría sido un sonido lo que oyó?

Juanito miró, pero no había nadie cerca.

Juanito volvió la cara, pero oyó el sonido otra vez, hasta más fuerte.

"¡¡¡PSSS!!!"

Juanito buscó otra vez, y de repente paró.

El casi no podía creer lo que veía. ¡Un plato de aspecto gracioso estaba parado y lo estaba saludando!

Tenía ojos redondos brillantes, brazos hechos de tenedores, piernas hechas de cucharas, y una alegre sonrisa.

"¡Guau, un plato de juguete!" exclamó Juanito mientras se acercaba.

"¡Shhhh!" susurró el plato. "¡Yo no soy un juguete. Estoy vivo!"

"No puede ser," susurró Juanito. "¡Los platos no están vivos!"

"Sí, yo sí estoy vivo," susurró el plato. "¡Yo soy un Plato Mágico y necesito tu ayuda!"

Juanito no podía creer que algún plato pudiera ser mágico, pero intentó pretender que le creía. Estaba curioso de saber como podía ayudar.

"¿Qué tipo de ayuda necesitas?" le preguntó Juanito.

"Quiero ir a casa contigo," el plato le contestó.

"¿Por qué?" le preguntó Juanito.

El plato le explicó que vivía con una familia que lo adoraba, pero cuando los niños crecieron, se les olvidó lo especial que era el plato, y lo regalaron a una tienda de artículos usados.

"Me siento solito," dijo el plato. "Quiero tener amigos de nuevo, pero los adultos no me quieren comprar. Estoy un poquito desgastado, entonces ellos creen que soy basura. He estado esperando por mucho tiempo que un niño venga y me lleve a su casa. ¡Estoy tan contento que estés aquí, Juanito!"

"¿Cómo sabes mi nombre?" le preguntó Juanito al plato.

"Te dije," dijo el plato. "Soy un Plato Mágico."

Juanito estaba comenzando a creerle al plato.

"No te puedo llevar a casa conmigo," Juanito le dijo al plato. "Tengo que comprarte y no tengo dinero."

"Por favor, pregúntale a tu mami," le suplicó el plato. "Te prometo que estarás contento de tenerme."

Juanito lo pensó por un momento. "Bueno, trataré," le dijo. "Pero creo que debes tratar de fingir que eres un plato normal para que no asustes a mi mami."

"¡De acuerdo!" dijo el plato, y se acostó comportándose como un plato bien educado.

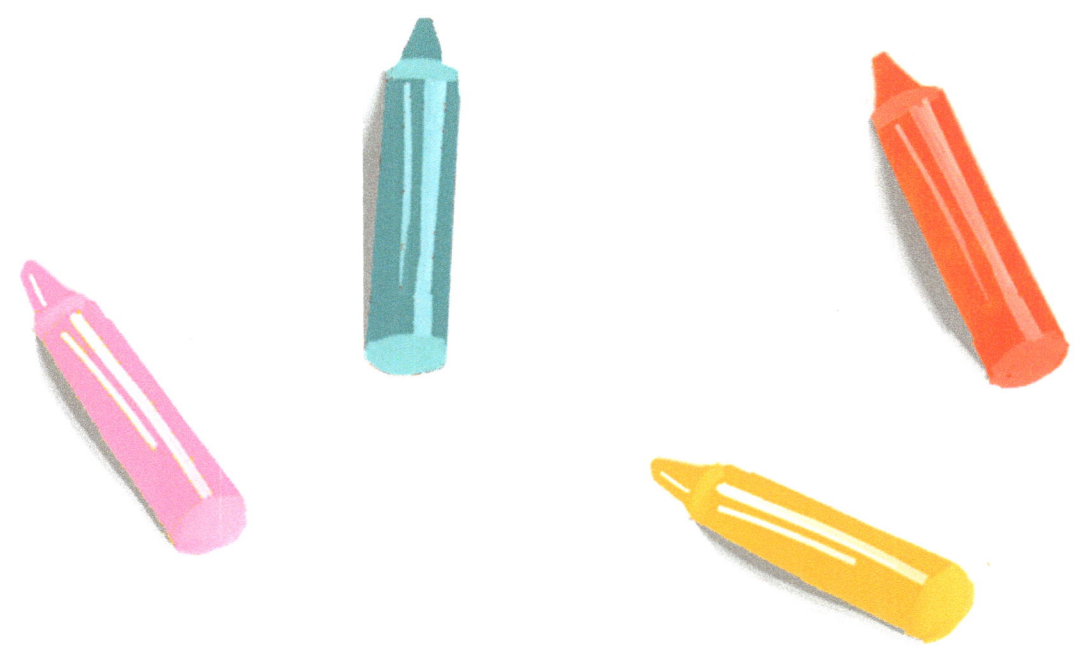

Juanito tomó el plato y se lo llevó a su mami.

"Mami, ¿puedes comprarme este plato?" le preguntó Juanito.

"¿Por qué?" le preguntó la mamá. "Tenemos tantos platos en casa."

"Bueno, porque me gusta," dijo Juanito.

La mamá de Juanito le preguntó al empleado de la tienda. "¿Cuánto cuesta este plato?"

"Oh, este plato no cuesta nada, es gratis," dijo el empleado. "Usted puede llevárselo. Es un plato para niños y parece que nadie lo quiere por ser viejo. Me alegro que no voy a tener que botarlo."

Cuando escuchó ésto, el plato se enrojeció y se sintió avergonzado.

Juanito sintió lástima por el plato, y decidió que estaba contento de poder ayudar.

De vuelta en casa, Juanito llevó el plato a su dormitorio y lo desenvolvió. El plato se paró, estiró sus brazos de tenedores ampliamente y se calmó.

"Se siente tan bien estar de nuevo en casa," dijo el plato mirando a su alrededor.

"Por favor, acuérdate de actuar como un plato normal," Juanito le acordó al plato.

"¡No te preocupes, yo sé lo que tengo que hacer!" dijo el plato, tratando lo más que podía de quedarse acostado mientras que Juanito jugaba en su cuarto.

2
LO MEJOR QUE PODAMOS SER

Cuando la mamá de Juanito lo llamó para comer, el plato se paró.

"¿Por qué te levantas?" Juanito le preguntó al plato.

"¿No me vas a llevar a comer contigo?" le contestó el plato.

"¿Por qué haría eso?" le preguntó Juanito.

"¿Por qué no?" le preguntó el plato. "¡A los platos también les da hambre! Aparte de éso, los niños siempre me dan de comer. Así es como me convierto en lo mejor que pueda ser."

"¿Lo mejor que puedas ser?" le preguntó Juanito. "¡Tú eres solo un plato!"

"Nadie es solamente algo," dijo el plato. "¡*Cada uno de nosotros* puede ser lo mejor que pueda ser si lo desea suficientemente, incluso los platos!"

"Ven," le dijo Juanito. "¿Cómo puedes ser mejor que un plato?"

"Tiene que ver con los alimentos," le dijo el plato. "Hay cosas de alimentos que los adultos saben pero que muchos niños no saben."

"¿Cómo qué?" le preguntó Juanito ansiosamente.

"Hay alimentos que tienen poderes super-naturales," el plato dijo.

"¿Poderes super-naturales?" repitió Juanito.

"Claro que sí," le dijo el plato. "La naturaleza les dio poderes super-naturales a los alimentos para que nos mantengamos saludables y fuertes. La gente que come esos alimentos son lo mejor que puede ser y también lo son sus platos."

"¿Tú esperas que yo te crea que hay alimentos con poderes super-naturales?" preguntó Juanito.

"Por supuesto," el plato contestó, "y yo puedo enseñarte todo sobre ésto. Los Platos Mágicos estamos aquí para enseñar a la gente, especialmente a los niños."

"¿Hay otros Platos Mágicos?" preguntó Juanito.

"Claro que sí," le dijo el plato. "Hay muchos de nosotros que estamos siempre en busca de alimentos con poderes supernaturales para que la gente pueda ser lo mejor que pueda ser."

"Bueno, no estoy seguro si creo en ésto," dijo Juanito, "pero yo podría usar un poco de magia en mi vida ahorita. Nuestro equipo de softbol ha estado perdiendo ultimamente y mis notas en la escuela necesitan toda la ayuda que puedan obtener."

"¡Esta es mi oportunidad para ayudar!" dijo el plato, con orgullo de poder ayudar nuevamente, y se fue y bajó las escaleras para ir a cenar con Juanito.

3
LOS ALIMENTOS CON PODERES SUPER-NATURALES

Durante la cena, Juanito se comió el pollo, pero no quizo comerse las zanahorias. "¿Te gustaría comer fideos?" le preguntó la mamá de Juanito.

"Claro que sí," contestó Juanito.

Para postre, la mamá de Juanito le ofreció fresas, pero Juanito le contestó, "No, gracias. ¿Podría en vez comer helado?"

Juanito esperaba que el plato estuviera disfrutando de la cena tanto como él.

Después de la cena, Juanito se llevó el plato a su cuarto.

"¡Lo hiciste genial!" le dijo el plato. "El pollo y los fideos estaban deliciosos. El pollo es una de los alimentos poderosos rico en proteínas. Los alimentos como el pescado y las habichuelas son buenos también. Los alimentos con proteína nos ayudan a mantener nuestros músculos fuertes y nos ayudan a crecer …"

(Para más información sobre Alimentos Ricos en Proteínas, vaya a la página 83)

"Espera un momento," dijo Juanito. "¿Qué músculos tienes *tú*?"

¿Cómo crees que me muevo?" le preguntó el plato. "Los Platos Mágicos tienen músculos fuertes y hacen ejercicio para mantenerse activos y saludables, igual que como lo hace la gente. Además de éso, me gusta estar en buena forma."

"¿Me estás bromeando?" se rió Juanito.

"No," le dijo el plato. "¿Cómo crees que mantengo mis lindas curvas redondas?"

Y después, sin poder creerlo, el plato empezó a girar haciendo volteretas.

"¿Ves?" le preguntó el plato. "¡Échale un vistazo a *estos* movimientos!"

Juanito se rió con alegría y parpadeó fuertemente para estar seguro que no se estaba imaginando cosas.

Cuando el plato se paró otra vez, parecía un poco cansado.

"Si me das de comer más alimentos poderosos, podré jugar por más tiempo," dijo a Juanito. "Cada comida poderosa tiene su poder específico."

"¿Qué otros tipos necesitas?" preguntó Juanito.

"Las frutas y los vegetales son dos tipos de alimentos con poder," dijo el plato. "Estos tienen los poderes más especiales de todos- ¡especialmente los que tienen mucho color!"

"Y, ¿por qué?" preguntó Juanito.

"Dicen que es el color lo que les da poderes especiales," dijo el plato, "y esos poderes especiales ayudan que nuestros ojos, piel, y corazón se mantengan saludables."

"¿Te diste cuenta que tu mamá comió zanahorias y fresas para la cena?" le preguntó el plato.

"Sí," le dijo Juanito.

"Ella debe saber sobre los alimentos con poderes super-

(Para más información sobre Las Frutas y Los Vegetales, vaya a la página 86)

naturales," dijo el plato. "Las zanahorias son de color anaranjado brillante y las fresas son rojas brillantes. ¡Ellas tienen poderes super-naturales!"

"Y ¿por qué los adultos no les enseñan a los niños sobre estos alimentos con poderes super-naturales?" preguntó Juanito.

"Los adultos tratan de hablar con los niños sobre ésto todo el tiempo," dijo el plato, "pero los niños no están interesados."

"Yo estoy interesado," dijo Juanito.

"Entonces ¿por qué le dijiste 'no' a las zanahorias y a las fresas? le preguntó el plato.

"Porque," dijo Juanito, "no me gustan las zanahorias y me gusta más el helado que las fresas".

"¿Te das cuenta ahora lo que he tratado de explicarte?" el plato le preguntó a Juanito.

"Pero mi mami no me dijo que tienen poderes super-naturales," dijo Juanito.

"¿Cuántas veces has escuchado a un adulto decir, 'Come tus vegetales, son buenos para tí?'"

"Muchas veces," dijo Juanito.

"¿Lo hiciste?" preguntó el plato.

"No," dijo Juanito. "¿Quién cree en éso?"

"¿Le habrías creído a tu mamá si te hubiera dicho que tienen poderes super-naturales?"

"Probablemente no," dijo Juanito.

"¿Te gustó montar bicicleta las primeras veces que lo intentaste?" le preguntó el plato.

"No," dijo Juanito. "Era muy difícil."

"¿Estás contento que seguiste intentándolo?" preguntó el plato.

"Claro que sí," dijo Juanito. "Me encanta montar bicicleta ahora."

"Es igual con los alimentos con poderes super-naturales," le dijo el plato. "Nos gusta sentirnos lo mejor que podamos cuando los comemos, pero pueda que tengamos que probarlos un par de veces antes de que nos gusten algunos de ellos."

"¿Piensas que me puedan empezar a gustar los vegetales solo practicando?" preguntó Juanito.

"Claro que sí," le dijo el plato, "pero, puedan que ya haya muchas frutas y vegetales con colores vivos que ya te gusten."

Juanito pensó en ésto.

"¿Las patatas dulces?" le preguntó al plato.

"¡Sí!" le dijo el plato.

"¿Los melocotones?" preguntó Juanito.

"¡Excelente!" el plato le dijo.

"Los melones, las judías verdes, los tomates, las naranjas, las sandías, las uvas…," Juanito siguió y siguió nombrándolos.

"¡Fabuloso!" dijo el plato. "¡Te los puedes imaginar!"

4
ROJO Y VERDE

La próxima noche durante la cena, la mamá de Juanito sirvió habichuelas, arroz integral, y ensalada de espinaca verde y sandía roja.

Juanito dijo que "sí" a las habichuelas y arroz, y también a la ensalada de espinaca. En realidad, no quería comer espinaca, pero quería ayudar al plato.

Lentamente, Juanito empezó a probar la espinaca. Sorprendentemente, no tenía tan mal gusto. La probó un poquito más y logró comer un par de cucharitas, siempre pensando, lo contento que se sentía montando su bicicleta.

Para postre, Juanito estaba contento de comer sandía roja. Era una de sus alimentos favoritos.

Después, su mamá le ofreció galletas pero ya estaba muy lleno para comerlas.

Después de la cena, Juanito volvió a su cuarto, el plato se estaba sonriendo con una gran sonrisa.

"¡Juanito, tú eres el mejor! No he estado tan feliz desde mi última casa," le dijo el plato, dándole un fuerte abrazo.

Juanito se sentía fabuloso también. Le fue fácil hacer su tarea esa noche. El plato sabía leer bien y hasta lo ayudó a estudiar para su prueba de ortografía.

Cuando el plato terminó de ayudar a Juanito con su tarea, se empezó a sacudir.

"¿Qué estás haciendo?" se rió Juanito.

"Me estoy sacudiendo la extra sal que recibí hoy día," le dijo el plato. "Demasiada sal no es bueno para nuestra salud."

"¿Cómo obtuviste tanta sal?" le preguntó Juanito. "Yo no le puse sal a mi comida hoy."

"Eso sí que es verdad," dijo el plato, "pero la sal a menudo es agregada a los alimentos de otras maneras. Yo te puedo enseñar como cuidarte de ésto."

5

LOS TRUCOS PARA PLATOS

Unos días después, el plato se atrevió a preguntar, "Juanito, ¿puedo ir a la escuela contigo un día?"

"No estoy seguro," dijo Juanito. "¿Y si te rompes en mi mochila?"

"Si me ayudas a ponerme más fuerte, estoy seguro que estaré bien," dijo el plato. "Todos los niños me llevaban a la escuela con ellos. ¿Cómo crees que aprendí a leer?"

"¿Te sientes más fuerte ahora?" le preguntó Juanito.

"Bastante fuerte," le dijo el plato, tratando de hacer un músculo, "pero hay otro tipo de alimento con poder super-natural que yo necesito…"

"Aquí vamos de nuevo," le dijo Juanito. "¿Qué necesitas ahora?"

"Los alimentos lácteos," dijo el plato. "¿Te has dado cuenta que tu mamá bebe leche baja en grasa, y come alimentos hechos de la leche como el queso y el yogurt? Estos son productos lácteos. Los alimentos que vienen de la leche tienen poderes super-naturales y mantienen nuestros huesos y dientes fuertes."

(Para más información sobre Productos Lácteos, vaya a la página 90)

"Pero tú eres un plato y no puedes sostener la leche ni siquiera leche con cereal," dijo Juanito.

"Bueno," dijo el plato mientras sacaba el pecho para afuera y se paraba más alto, "sabes que me has estado dando de comer muchos alimentos con poderes super-naturales, ¿verdad?"

"Claro," contestó Juanito.

"¿Adivina qué?" le preguntó el plato. "He estado practicando muchísimo y tengo una sorpresa para tí."

"¿Verdad?" preguntó Juanito. A él, le encantaban las sorpresas.

"¡Sí!" le dijo el plato. "¡Debido a tu ayuda, me estoy mejorando cada día!"

"No puedo creer que un plato quiera ser mejor que solo ser un plato," dijo Juanito.

"¡Por supuesto!" le dijo el plato. "Nunca me doy por vencido. ¡Mira ésto!"

Mientras Juanito miraba, el plato respiró fuertemente y empezó a mecerse, girarse, e inclinarse. Después, las orillas y los bordes empezaron a enrollarse. Poco a poco, los bordes se levantaron, hasta que el plato esforzándose, se convirtió en un plato hondo.

"¡AY, DIÓS MÍO!" gritó Juanito. "¡Este es el mejor truco que jamás he visto en toda mi vida!"

"¿Ves?" se sonrió el plato. "¡Yo *puedo* ser más que un plato, yo también puedo ser un plato *o* un plato hondo!"

"¿Cuánto tiempo puedes quedarte así?" Juanito le preguntó al plato.

"Bueno," le dijo el plato, tratando lo más que podía de sostener sus lados arriba, "si me sigues dando de comer alimentos lácteos para mantener mis huesos fuertes, y alimentos energéticos como panes integrales y cereales, puedo mantener mis lados para arriba mucho más tiempo."

"*¿Integrales qué?*" Juanito le preguntó al plato. "No entiendo lo que es éso."

"¿Nunca has oído la palabra panes integrales?" le preguntó el plato. "Los panes de trigo integrales son como el pan y el arroz no blancos y la avena…"

"Yo no sabía nada de éso," dijo Juanito.

(Para más información sobre Alimentos de Granos, vaya a la página 92)

"Bueno," dijo el plato. "No te preocupes porque sé que tu mamá sabe de ésto. La vi comer fideos de trigo integral la otra noche. Yo te enseñaré más de ésto otro día."

"De todos modos," continuó el plato, "sería una buena ayuda si me usaras para tu leche con cereal. Pero, por favor, si tienes que usar azúcar, usa lo menos que puedas. El agregar azúcar no tiene poder especial y mucha azúcar nos hace sentir cansados."

"De acuerdo," dijo Juanito, "pero ¿cuántos tipos de alimentos con poderes super-naturales hay?"

"Necesitamos comer alimento de cinco diferentes grupos," dijo el plato, "porque cada grupo tiene sus propios poderes especiales. Los cinco grupos son: Frutas, Vegetales, Granos, Productos Con Proteína, y Productos Lácteos."

"¿Cómo puedo recordarme de todo ésto?" le preguntó Juanito.

"Es fácil," le dijo el plato. "Aquí es donde los Platos Mágicos hacen su magia. Mírame, ¿cuántas partes ves?"

"Cinco," contestó Juanito. "Dos brazos, dos piernas, y...¿un plato?"

"Correcto," le dijo el plato. "Ahora, dáme una vuelta y échame un vistazo."

Juanito dio vuelta al plato y se sorprendió mucho. La parte de atrás del plato estaba dividida en cinco secciones. Cada sección tenía el nombre de un grupo de alimentos poderosos y dibujos de los alimentos poderosos en cada grupo.

Cada vez que Juanito daba vuelta al Plato Mágico, él fue recordando de los alimentos poderosos que debería comer para ser lo mejor que él pudiera ser.

Desde ese día, el plato hizo el truco de convertirse en un plato hondo y Juanito comió su cereal de grano entero con leche y solo le agregó un poquito de azúcar.

Juanito también comió otros alimentos con poderes supernaturales del Plato Mágico, y él y su plato crecieron saludables y fuertes.

Su equipo de softbol empezó a ganar nuevamente y sus notas en la escuela empezaron a mejorar también, lo que alegró mucho a Juanito.

6
MOSTRAR Y CONTAR

Un día, el profesor de Juanito le anunció a la clase que iban a tener que 'Mostrar y Contar' en dos semanas.

Juanito estaba seguro que el plato iba a estar orgulloso de ser un espectáculo, pero el plato no estaba ni dispuesto ni contento de hacer ésto.

"¿Qué te pasa?" le preguntó Juanito. "¿No quieres ser parte de mi proyecto de 'Mostrar y Contar?' Yo pensaba que esta idea te iba a encantar."

"Lo siento, Juanito," dijo el plato. "Me encantaría conocer a tus amiguitos, pero ya no soy brillante, estoy opaco y no quiero presentarme así enfrente de tu clase."

"Yo estoy muy orgulloso de tí así como eres," dijo Juanito. "¿Hay algo que pueda hacer para ayudarte?"

"Hay algo pero no estoy seguro si funcionará," dijo el plato.

"¿Qué es?" le preguntó Juanito.

"Necesito un poquito de aceite," dijo el plato. "El aceite tiene poderes que me ayudan con mi cubierta. ¿Estarías dispuesto a ponerme un poquito? No mucho, porque no me quiero poner grasoso."

"Bueno," dijo Juanito. "Hagamos un intento."

Esa noche durante la cena, Juanito disfrutó de comer una ensalada con solo un poquito de aceite.

Otro día, en vez de ponerle mantequilla al pan tostado, Juanito puso un poquito de aceite vegetal en el plato y untó el pan. Le gustó el sabor que tenía.

Día por día, el plato se ponía más y más brillante. ¡Juanito se sentía fabuloso también!

Para más información sobre Aceites, vaya a la página 94)

En el día que los alumnos tenían que 'Mostrar y Contar', la mamá de Juanito lo ayudó a envolver su Plato Mágico para protegerlo camino a la escuela.

Cuando le tocó a Juantio 'Mostrar y Contar', sacó de su mochila, su plato fuerte, saludable y brillante de su mochila, lo desenvolvió y caminó al frente de la clase.

"Este es mi Plato Mágico," dijo Juanito, levantando el plato para que todos pudieran verlo.

"¿Qué te gustaría decir de tu Plato Mágico, Juanito?" le preguntó el profesor.

"Mi Plato Mágico me enseña muchas cosas fantásticas," dijo Juanito. "He aprendido lo importante que es cuidar nuestros platos para que sean lo mejor que puedan ser. Cuando nuestros platos son lo mejor que pueden ser, entonces nos ayudan a nosotros a ser lo mejor que nosotros podamos ser."

Es fantástico tratar de ser lo mejor que puedas ser," le dijo el profesor a Juanito. "¿Cómo puede un Plato Mágico ayudarnos a hacer ésto?"

"Los Platos Mágicos nos enseñan sobre los alimentos con poderes super-naturales que ellos necesitan," dijo Juanito. "Cuidamos nuestros platos bien cuando les damos muchos alimentos con poderes super-naturales. Después, cuando nosotros comemos esos alimentos de nuestros platos, nuestros platos nos cuidan a nosotros, y nos ayudan a ser lo mejor que nosotros podemos ser."

"¿Cómo podemos saber cuales alimentos tienen poderes super-naturales?" preguntó el profesor de Juanito.

"Es muy fácil," dijo Juanito. "Un Plato Mágico compartirá todo lo que sabe. Solo necesita pertenecer a alguien que esté dispuesto a escuchar."

"¿Podemos nosotros también conseguir Platos Mágicos?" preguntaron los niños de la clase de Juanito.

"Por supuesto que pueden," contestó Juanito. "Los Platos Mágicos pueden estar en todas partes."

"Pero la mejor magia," continuó Juanito, "está en los *poderes especiales* que la naturaleza les da a los alimentos, para mantenernos saludables y fuertes."

"Una cosa más," agregó Juanito. "¡Nunca rechaces ir de compras con tu mamá!"

Después, al deleite de todo el mundo, el plato miró directamente a todos los compañeros de clase de Juanito, se sonrió con una gran sonrisa, y les guiñó un ojo.

EL FIN

PARTE DOS

CÓMO HACER TU PROPIO PLATO MÁGICO

ARTÍCULOS NECESARIOS:

Un plato de papel (uno de 9 pulgadas funciona mejor)

Tijeras

Goma para pegar

Cinta adhesiva transparente

INSTRUCCIONES

1. Pídele a un adulto que te ayude a cortar círculos A y B (mira las páginas 49-53).

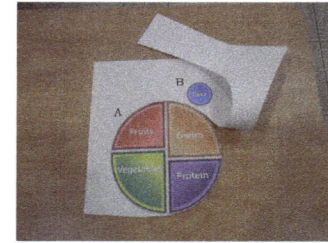

2. Pega los dos círculos a la parte de atrás de los dos platos de papel.

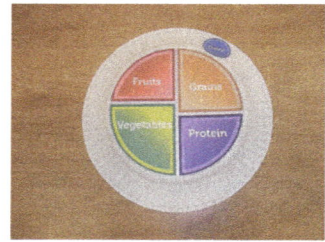

3. Elige una cara de Plato Mágico (mira las páginas 55-63) y pídele a un adulto que te ayude a cortarla.

4. Pega la cara a la parte adelante del plato.

(continuado)

5. Elige un brazo derecho y uno izquierdo para el Plato Mágico (mira las páginas 65-71) y pídele a un adulto que te ayude a cortarlos.

6. Pega los brazos a la parte atrás del plato, con el lado blanco de los brazos enfrentado a tí.

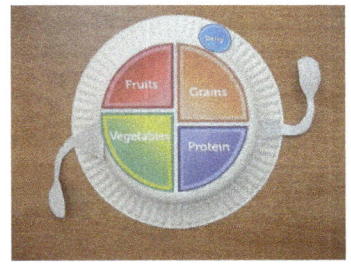

7. Elige las piernas para el Plato Mágico (mira las páginas 73-75) y pídele a un adulto que te ayude a cortarlos.

8. Pega las piernas a la parte atrás del plato, con el lado blanco de las piernas enfrentado a tí.

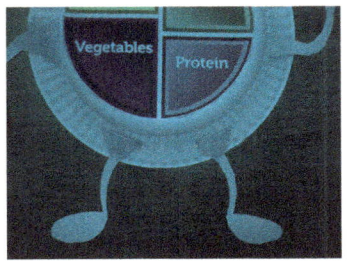

(continuado)

9. Pídele a un adulto que te ayude a cortar los dibujos de los grupos de alimentos (mira las páginas 77-81).

10. Pega cada sección de grupos de alimentos en la parte correcta en la parte atrás del plato.

11. ¡Ahora tienes un PLATO MÁGICO!

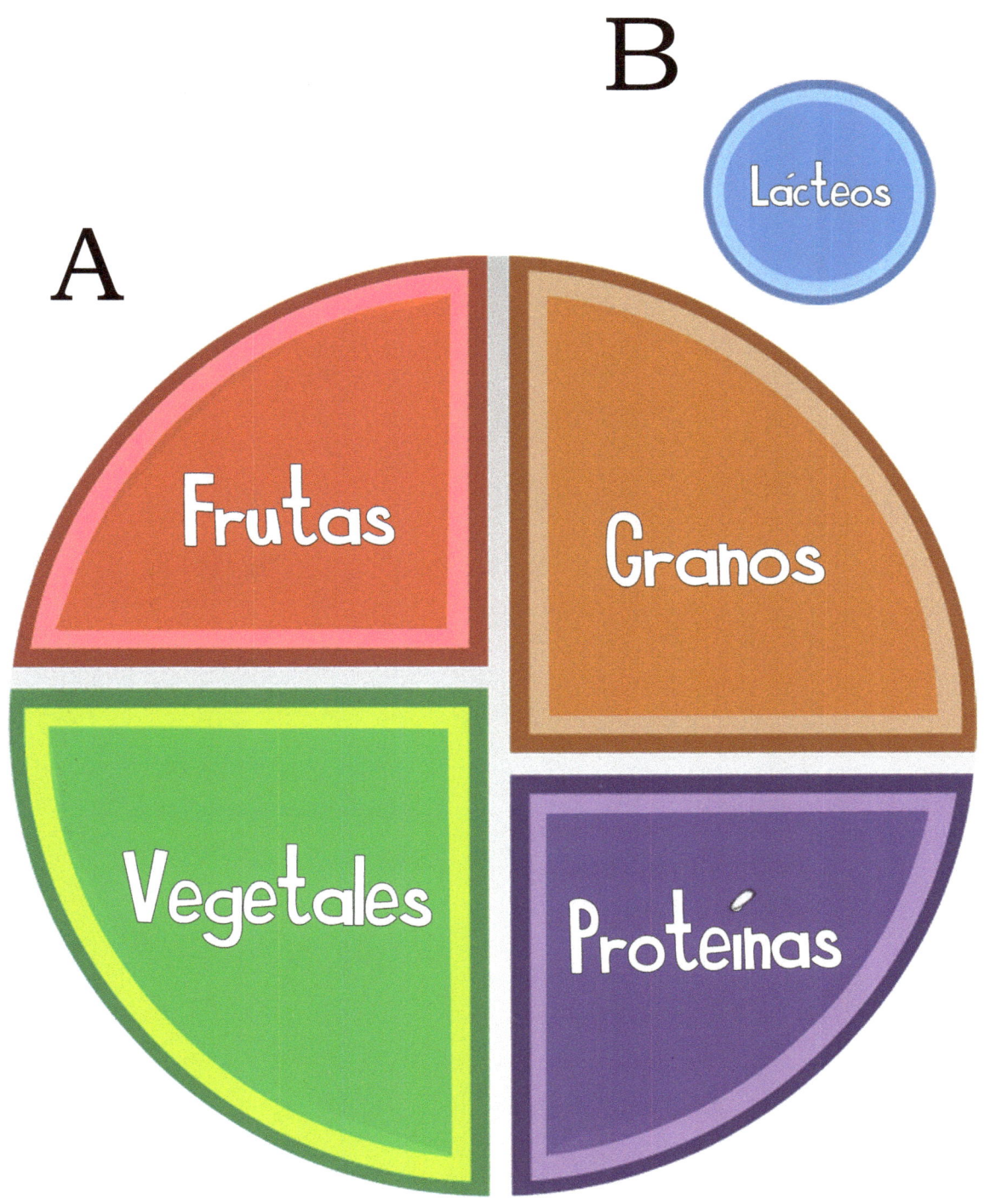

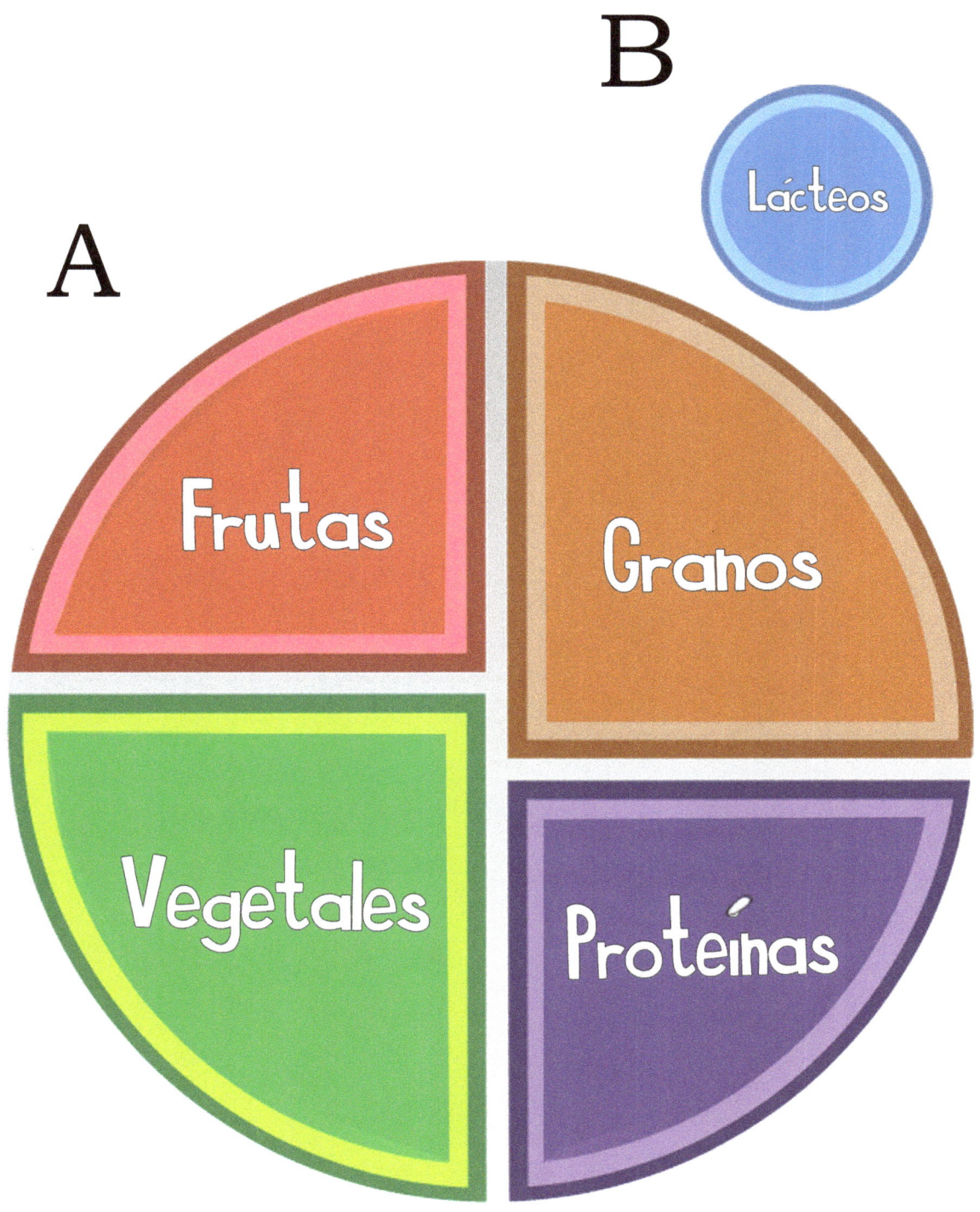

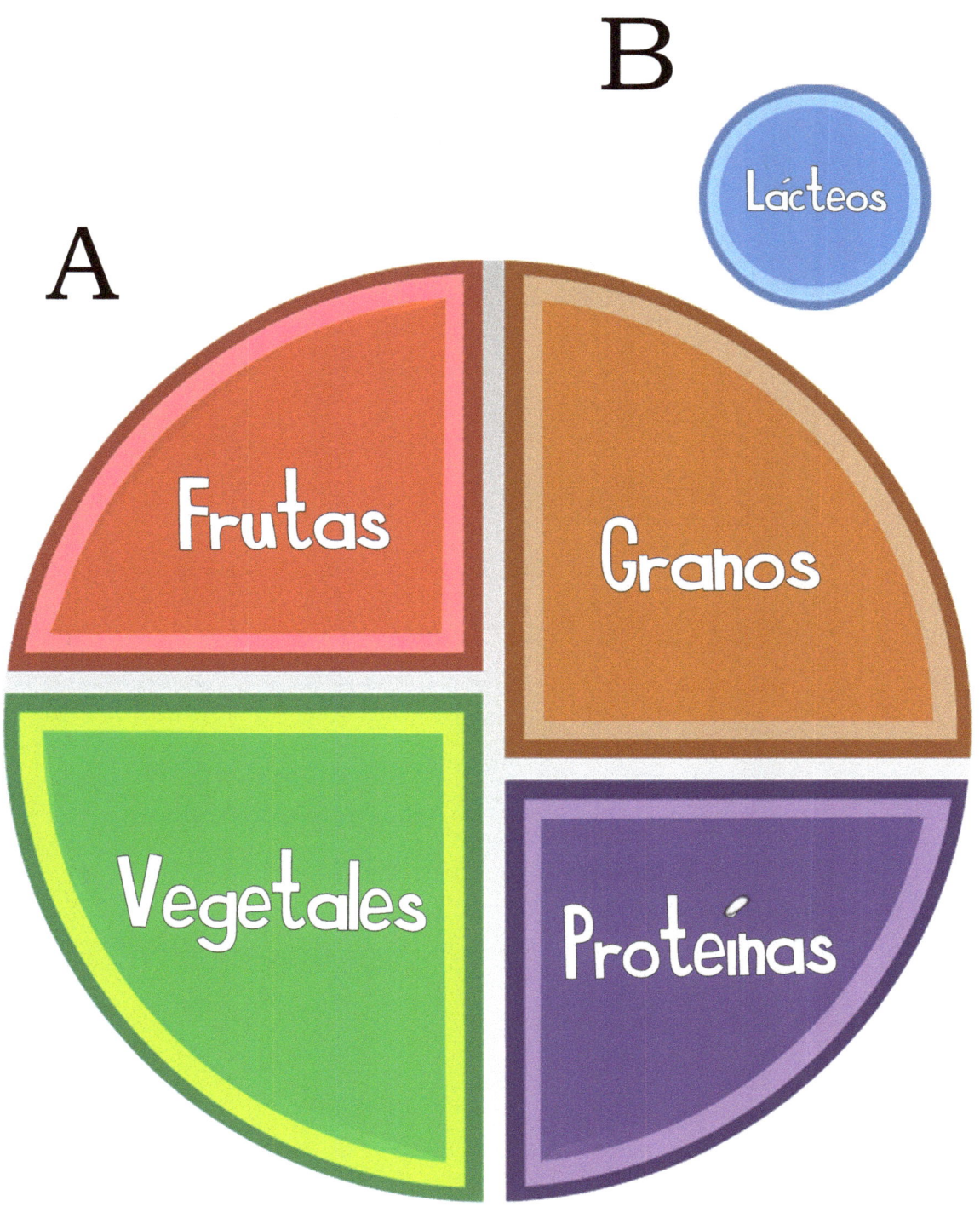

CARA 1

CARA 2

CARA 3

CARA 4

CARA 5

BRAZOS IZQUIERDOS

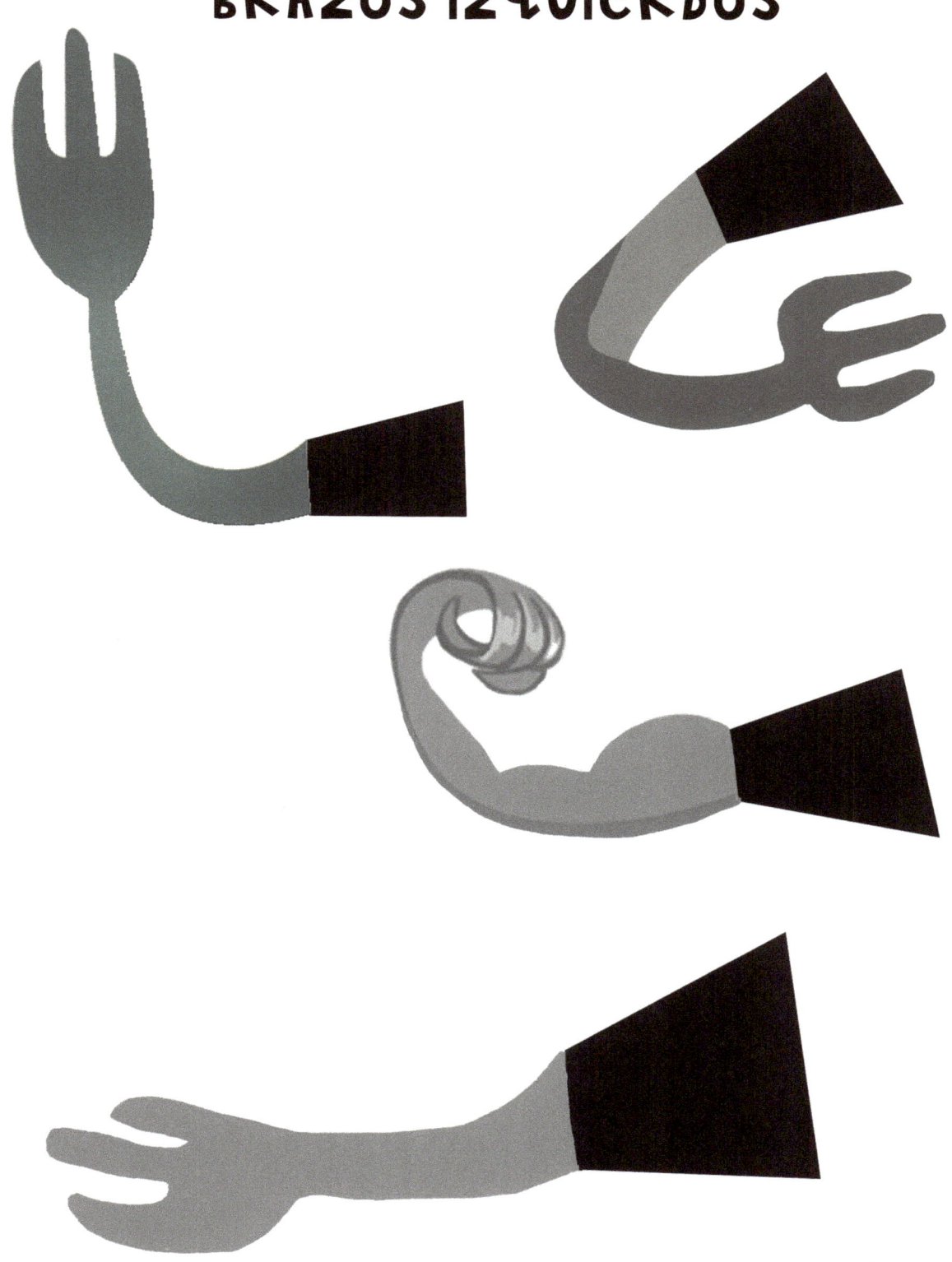

BRAZOS IZQUIERDOS

BRAZOS DERECHOS

BRAZOS DERECHOS

PIERNAS

PIERNAS

GRUPOS DE ALIMENTOS CON PODERES SUPER-NATURALES

FRUTAS

LÁCTEOS

GRANOS

VEGETALES

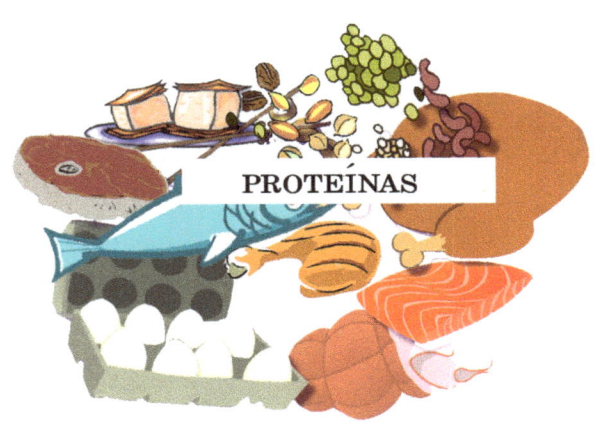
PROTEÍNAS

GRUPOS DE ALIMENTOS CON PODERES SUPER-NATURALES

FRUTAS

LÁCTEOS

GRANOS

VEGETALES

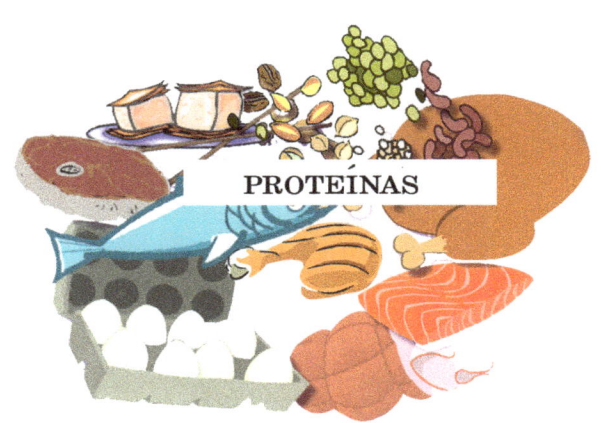
PROTEÍNAS

GRUPOS DE ALIMENTOS CON PODERES SUPER-NATURALES

FRUTAS

LÁCTEOS

GRANOS

VEGETALES

PROTEÍNAS

MÁS SOBRE ALIMENTOS CON PROTEÍNA

Los alimentos con proteínas ayudan a construir músculos fuertes, huesos, piel, sangre y otras partes del cuerpo. También, nos ayudan a tener energía para que no nos cansemos tan rápidamente.

Los alimentos con proteínas provienen de los animales y las plantas.

Algunos ejemplos de alimentos con proteínas que vienen de los animales son: el pollo, el pavo, el pescado, la carne, el jamón, y los huevos. Es mejor comer alimentos con proteínas que vienen de los animales que no tengan mucha grasa, excepto el pescado. Los pescados con grasa, como el salmón, la trucha, las sardinas, las anchoas, el arenque, ciertas ostras, y cierto pescado de la caballa, contienen unos aceites especiales que nos dan beneficios extra especiales.

Los alimentos como frijoles secos, las lentejas, los garbanzos, las nueces, y el tofu, son ejemplos de alimentos ricos en proteínas que vienen de las plantas.

Cada tipo de alimento rico en proteína tiene su manera especial de mantenernos saludables, por eso, es importante comer todos diferentes tipos de alimentos ricos en proteínas.

Alimentos con Proteínas que son Comunmente Consumidos *

CONSEJO: Para averiguar la mejor porción saludable de alimentos con proteína y cuantas porciones debe comer diariamente, visite ChooseMyPlate.gov.

Carnes

Cortes de carne con poca grasa de:

carne de vaca

jamón

cordero

cerdo

ternera

Cortes de carne molida con poca grasa de:

carne de vaca

cerdo

cordero

Fiambres con poca grasa

visceras:

hígado

menuditos

Fiambres con poca grasa o Carnes del delicatessen

Carnes de órgano:

hígado

menudillos

Productos Procesados De Soya

tofu (cuajada de frijol hecha de frijoles de soya)

hamburguesas vegetarianas

tempeh

proteína vegetal con textura

Huevos

huevos de gallina

huevos de pato

Frijoles y Guisantes

hamburguesas de frijoles

frijoles negros

guisantes de ojo negro

garbanzos

falafel

habichuelas diferentes

lentejas

habas

frijoles blancos

frijoles pintos

frijoles de soya

guisantes partidos

judías blancas

ALIMENTOS CON PROTEÍNAS QUE SON COMUNMENTE CONSUMIDOS *

*Adaptado del Centro de Políticas y Promoción de Nutrición del Departamento de Agricultura de los Estados Unidos del sitio web ChooseMyPlate.gov.

Nueces y Semillas	**Pescados**	**Pescados** (continuado)
almendras	*Peces con aletas*	*Mariscos*
anacardos	bagre	almejas
avellanas	bacalao	cangrejo
nueces mezcladas	platija	cangrejo de río
cacahuetes	eglefino	langosta
mantequilla de cacahuetes	halibut	mejillones
pacanas	arenque	octopo
pistachos	caballa	ostras
semillas de calabaza	salmón	vieiras
semillas de sésamo	lubina	calamar
semillas de girasol	pez espada	camarones
nueces	albadejo	*Pescados y Mariscos Enlatados*
	pargo	anchoas
	trucha	almejas
	atún	atún
		sardinas

MÁS SOBRE FRUTAS Y VEGETALES

El comer una variedad de frutas y vegetales nos ayuda a proteger nuestros cuerpos de las enfermendades, y mantiene nuestros cuerpos saludables.

Las frutas y vegetales vienen de las plantas y pueden ser encontradas en muchos maravillosos colores. Algunos ejemplos son: el broccoli (verde), los plátanos (blanco), las patatas dulces (amarillo/anaranjado), y las pasas (azul/púrpura). ¿Cuáles otros ejemplos puedes darnos?

Cada fruta y vegetal hace su propio papel para mantenernos saludables. Por consiguiente, es muy importante comer diferentes tipos de frutas y vegetales para estar lo más saludable posible y proteger nuestros cuerpos de enfermedades.

Es mejor comer frutas frescas enteras. Si come frutas enlatadas o jugo de frutas, elija las que no tienen azúcar agregada.

Trate de comer vegetales frescos enteros. Si come vegetales congelados o enlatados, es mejor elegir los que tienen poca o nada de sal.

Puede averiguar si la comida tiene sal y/o azúcar agregada leyendo la etiqueta de ingredientes.

Los frijoles y los guisantes, que son partes del grupo de alimentos con proteína, son también partes del grupo de vegetales, porque proporcionan muchos de los mismos beneficios para la salud que los vegetales.

FRUTAS COMUNMENTE CONSUMIDAS *

Consejo: Para averiguar la mejor porción saludablede frutas y cuantas porciones de frutas comer cada día, visite ChooseMyPlate.gov.

*Adaptado del Centro de Políticas y Promoción de Nutrición del Departamento de Agricultura de los Estados Unidos del sitio web ChooseMyPlate.gov.

Frutas
manzanas

albaricoques

plátanos

cerezas

pomelos

uvas

kiwis

limones

limas

mangos

nectarinas

naranjas

melocotones (duraznos)

peras

papayas

piñas

ciruelas

ciruelas pasas

pasas

tangerinas (mandarinas)

Bayas
fresas

arándanos

frambuesas

Melones
cantalupos

melónes dulces

sandías

Fruta mixta
coctél de frutas

100% Jugo de fruta
naranja

manzana

uva

pomelo

Vegetales comunmente consumidos *

Consejo: Para averiguar las porciones más saludables de vegetales y cuantas porciones comer cada día, visite ChooseMyPlate.gov.

Vegetales verde oscuros

- col china
- brócoli
- berza
- lechuga de hoja verde oscuro
- col rizada
- mezclum
- hoja de mostaza
- lechuga romana
- espinaca
- hojas de nabo
- berros

Vegetales con almidón

- yuca
- maíz
- guisantes, guisantes de ojo negro (no secos)
- plátanos verdes
- guisantes verdes
- habas verdes
- plátanos

Vegetales con almidón (continuado)

- papas
- raiz de taro
- castañas de agua

Vegetales rojos y anaranjados

- bellotas
- calabazas
- zanahorias
- calabaza hubbard
- pimientos rojos
- papas dulces
- tomates
- jugo de tomate

Frijoles y guisantes

- frijoles negros
- guisantes de ojo negro
- garbanzos
- frijoles
- lentejas

VEGETALES COMUNMENTE CONSUMIDOS *

*Adaptado del Centro de Políticas y Promoción de Nutrición del Departamento de Agricultura de los Estados Unidos del sitio web ChooseMyPlate.gov.

Frijoles y guisantes
(continuado)

frijoles blancos

frijoles pintos

frijoles de soya

guisantes partidos

guisantes blanco

Otras vegetales

alcachofas

espárragos

aguacates

brotes de soya

remolachas

coles de bruselas

repollo

coliflor

apio

pepinos

berenjena

judías verdes

pepinos verdes

lechuga iceberg

Otras vegetales
(continuado)

champiñones

okra

cebollas

nabos

alubias

calabacín

MÁS SOBRE PRODUCTOS LÁCTEOS

Los productos lácteos son alimentos que vienen de la leche. Los productos lácteos contienen calcio, el cual ayuda a construir huesos fuertes. También, necesitamos productos lácteos para ayudar nuestros cuerpos en otras maneras.

Los productos lácteos sin o con poca grasa son más saludables que los que tienen grasa entera.

Si tiene dificultad en digerir productos lácteos, trate de comer porciones pequeñas. También hay productos disponibles de leche sin lactosa o con poca lactosa. Estos incluyen leche, yogurt y queso con menos lactosa o sin lactosa leche, yogurt, y queso, y leche de soya (bebida de soya) fortificada con calcio.

Algunos productos lácteos son buena fuente de calcio si los consumidos en suficiente cantidad. Estos incluyen semillas de soya, tofu, espinaca, brócoli, berza, col rizada, hojas de mostaza, hojas de nabo y col china.

Los alimentos y bebidas con calcio añadido como cereales, jugo de naranja, bebidas con arroz o almendras pueden que provean calcio, pero no proveen los otros nutrientes que se encuentran en productos lácteos.

Es mejor elegir productos lácteos que no tienen azúcar agregada. ¿Cómo puede saber? Lea la etiqueta de ingredientes.

ALIMENTOS Y PRODUCTOS LÁCTEOS COMUNMENTE CONSUMIDOS *

Consejo: Para encontrar las porciones más saludables de productos lácteos y cuantas porciones comer cada día, visite ChooseMyPlate.gov.

*Adaptado del Centro de Politica y Promoción del Departamento de Agricultura de los Estados Unidos del sitio web ChooseMyPlate.gov.

Leche

Toda la leche fluida:

- leche sin grasa (desnatada)
- leche baja en grasa (1%)
- leche con grasa reducida (2%)
- leche con grasa entera
- leche sin lactosa

Leche saborizada:

- chocolate
- fresa

Postres basados en leche

- pudines
- helado de leche
- yogurt congelado
- helado

Calcio de leche de soya fortificada (bebidas con soya)

Queso

Quesos naturales duros:

- queso cheddar
- mozarella
- suizo
- parmesano

Quesos blandos:

- ricotta
- queso cottage

Quesos procesados:

- americano

Yogurt

Todo yogurt:

- sin grasa
- con poca grasa
- con grasa reducida
- con grasa entera

MÁS SOBRE GRANOS

Mira en el núcleo...

1. afuera (salvado)
2. en medio (endosperma)
3. adentro (germen)

Los granos vienen de plantas como el trigo, el arroz, el maíz, y otros. Los alimentos de granos provienen de núcleos de plantas de grano. Algunos ejemplos de estos alimentos son el pan, el arroz, el cereal, y la pasta.

Hay tres partes del núcleo de una planta de grano: la parte de afuera, la del medio, y la de adentro. La parte de afuera ayuda a mantener nuestras barriguitas saludables. La parte del medio nos da energía. La parte de adentro nos ayuda a proteger nuestra salud. Puesto que cada parte contiene nutrientes importantes, es mejor comer alimentos hechos con las tres partes.

Las alimentos que tienen estas tres partes se llaman alimentos de grano entero. Los alimento de grano entero son más saludables que los alimentos hechos de solo una parte del núcleo. Por lo menos, la mitad de alimentos de grano que comemos debe ser de alimentos de grano entero, para que nos mantengamos lo más saludables posible.

Los alimentos que no tienen las tres partes del núcleo se llaman granos refinados.

Algunos ejemplos de alimentos de grano entero populares incluyen el pan integral, la pasta de trigo integral, el arroz integral, las palomitas y la avena.

Para averiguar si un alimento está hecho de todo el núcleo de una planta de grano, revise primero algunos ingredientes enumerados como "grano entero" o "trigo integral". Algunos alimentos están hechos de una mezcla de grano entero y refinado.

GRANOS Y PRODUCTOS DE GRANOS COMUNMENTE CONSUMIDOS *

CONSEJO: Para averiguar la porción más saludable de productos de grano y cuantas porciones comer al día, visite ChooseMyPlate.gov.

CONSEJO: Encuentre productos de grano entero rapidamente eligiendo productos que tiene un Sello De Grano Entero (mire abajo). Aprenda más en wholegrainscouncil.org.

CONSEJO: Algunos alimentos contienen una mezcla de grano entero y refinado. Elija alimentos que tienen la palabra "grano entero" al principio de la etiqueta de ingredientes.

*Adaptado del Centro de Políticas y Promoción del Departamento de Agricultura de los Estados Unidos del sitio web ChooseMyPlate.gov.

Sello De Grano Entero

Granos Enteros

amarando
arroz integral
alfortón
bulgur o trigo partido
mijo
avena
palomitas
copos de avena
quinoa
sorgo
triticale
cebada de grano entero
harina de maíz de grano entero
centeno integral
pan integral
galletas de soda de trigo integral

Granos Enteros (continuado)

pasta de trigo integral
panecillos y bollos de sándwich de trigo integral
tortillas de trigo integral
arroz salvaje

Cereales listos para comer como:
 cereales de trigo integral
 muesli

Granos Refinados

pan de maíz
tortillas de maíz
cuscús

Granos Refinados (continuado)

galletas de soda
tortillas de harina
sémola
fideos
pitas
pretzels
pan blanco
panecillos y bollos de sándwich blancos
arroz blanco

Pastas como:
 espaguetis
 macarrones

Cereales listos para comer para desayuno como:
 copos de maíz

MÁS SOBRE ACEITES *

Los aceites son grasas que son líquidas a temperatura del ambiente. Los aceites más saludables son los de vegetales, nueces, semillas, aceitunas, aguacates, y algunos pescados. Los aguacates son parte del grupo de frutas, pero también una buena fuente de aceite saludable.

Los aceites nos son un grupo de alimentos, pero debido a que contienen nutrientes esenciales, los aceites son parte de un plan de alimentación saludable. Los aceites son muy altos en calorías, por eso debemos limitar la cantidad que comemos. Aprenda más en ChooseMyPlate.gov.

Consejo: Para averiguar cual es la porción más saludable de aceites y cuantas porciones comer cada día, visite ChooseMyPlate.gov.

*Adaptado del Centro de Políticas y Promoción de Nutrición del Departamento de Agricultura de los Estados Unidos del sitio web de ChooseMyPlate.gov.

Aceites comunmente consumidos:

aceite de colza

aceite de maíz

aceite de algodón

aceite de oliva

aceite de cártamo

aceite de soya

aceite de girasol

Alimentos altos en aceites:

nueces

aceitunas

algunos pescados

aguacates

RECONOCIMIENTOS

Primero, un agradecimiento muy especial a Christina Krati, la fantastica ilustradora de este libro, por tomar este fabuloso viaje conmingo y por traducir mi visión en algo que todos puedan ver.

Por el camino, muchas personas me acompañaron con su honradez inestimable, estimulo, sugerencias y apoyo.

A Joyce A., Naomi B., Steven D., Jennifer L., Lori C., Debbie D., Mollie F., Laurie H., Dena H., Yael K. and family, Cheryl L., Alexa L., Janie L., and Eileen S., y muy especialmente a Dana Z., Liliana V., y Elsy E.: ¡Muchísimas gracias!

Muchos agradecimientos especiales también a mis colegas Connie Evers, MS, RDN, LD y Nancy Mazrin, MS, RDN, CDN, CNS, por su sabiduría y visión.

A mis maravillosos hijos, Randon y Erin, y mi increíble familia:
¡Muchísimas gracias por compartir mis sueño, y por su paciencia ilimitada y apoyo durante esta larga y difícil, pero agradable y creativa aventura!

Mi agradecimiento de todo corazón a Lilian Krowne por su trabajo y entusiasmo excepcional en la traducción al Español del libro *Jesse's Magic Plate* a *El Plato Mágico de Juanito*.

¡Y, a mi David, por *siempre* creer en mí,
y *siempre* alentarme a ser lo mejor que yo pueda ser!

SOBRE LA AUTORA

Donna Daun Lester, MA, RDN, CDN, es Nutricionista Dietista Registrada, Nutricionista Dietista Certificada y profesora licenciada.

Donna se ha desempeñado como Nutricionista Dietista en muchas áreas, incluyendo el sector privado, centros de enfermería especializada, hospitales, Directora de Servicios de Alimentación y Nutrición, y como Educadora de Nutrición.

Después de graduarse con honores de la Universidad de Queens, Donna obtuvo su Maestría de Arte en Nutrición Clínica de la Universidad de Nueva York. Es madre de dos hijos, y vive con su esposo en Long Island, Nueva York.

SOBRE LA ILUSTRADORA

Originalmente de Grecia, Christina Krati celebra una licenciatura de Bellas Artes en Diseño Gráfico del Instituto de Educación Tecnológica de Atenas, Grecia

Una diseñadora consumada, artista e ilustradora, Christina ahora vive en Manhattan, Nueva York.

SOBRE LA TRADUCTORA

Lilian Krowne, originalmente de Chile, tiene una Maestría en Español e Educación Bilingue de la Universidad de Boston. Ha enseñado español, francés e inglés como segunda lengua en escuelas públicas y universidades.

Recientemente jubilada, Lilian vive con su esposo en Long Island, Nueva York.

www.ingramcontent.com/pod-product-compliance
Lightning Source LLC
Chambersburg PA
CBHW061929290426
44113CB00024B/2856